VIEL GLÜCK & VIEL SEGEN

ARMIN HELLER

VIEL GLÜCK & VIEL SEGEN

und gute Besserung

kiefel

Unglück ist auch gut. Ich habe viel in der Krankheit gelernt, das ich nirgends in meinem Leben hätte lernen können. Glück und Unglück ist im Leben ineinandergekettet wie Schlaf und Wachen, keines ohne das andere und eins um des andern willen, daß alle Freude in der Welt nur geborgt ist.

JOHANN WOLFGANG VON GOETHE

So sei dein Schicksal dir zum Segen:
Zerbrechlichkeit schenke Achtsamkeit,
Mangel schenke Demut, Dauer schenke Geduld,
Endlichkeit schenke Wertschätzung.

POST
KEINE WERBUNG BITTE!

Bei einem unglücklichen Ereignis, welches bereits eingetreten, also nicht mehr zu ändern ist, soll man sich nicht ein Mal den Gedanken, daß dem anders sein könnte, noch weniger den, wodurch es hätte abgewendet werden können, erlauben: denn gerade er steigert den Schmerz ins Unerträgliche.

ARTHUR SCHOPENHAUER

Du trägst in dir die Kraft zu ertragen,
was du nicht ändern kannst.

Dem, welcher ein Bein gebrochen hat, kann man dadurch sein Unglück doch erträglicher machen, wenn man ihm zeigt, daß es leicht hätte das Genick treffen können.

IMMANUEL KANT

Glück und Unglück – alles ist relativ.
Doch du hast die Gabe, das Beste
daraus zu machen.

Ihr täuscht euch nämlich, wenn ihr meint, jemand bleibe von Unheil ausgenommen. Es fällt auch jenem lang von Glück Verwöhnten sein Anteil zu; jeder, der davon freigestellt scheint, wurde nur zurückgestellt.

LUCIUS ANNAEUS SENECA

Genieße dein Glück
in der Zeit des Wohlergehens und
sammle Kraft für die Zeit der Mühsal.

Nur durch Schaden werden wir klug – Leitmotiv der ganzen Evolution. Erst durch unzählige, bis ins Unendliche wiederholte leidvolle Erfahrungen lernt sich das Individuum zum Meister über sein Leben empor. Alles ist Schule.

CHRISTIAN MORGENSTERN

Deine Gelassenheit beweise sich,
wenn du deine Beschwerlichkeiten als
Herausforderung zu neuen Zielen annimmst.

Der Mensch wird in der Welt nur das gewahr, was schon in ihm liegt; aber er braucht die Welt, um gewahr zu werden, was in ihm liegt; dazu aber sind Tätigkeit und Leiden nötig.

HUGO VON HOFMANNSTHAL

Deine Fähigkeit,
das Hindernis zu überwinden,
schenkt dir auch die Freude am Erfolg.

Begreifst du denn nicht, daß der Mensch außer dem Glück genau so und in genau demselben Maße auch Unglück braucht! Leiden und Schmerz sind immer die Voraussetzung umfassender Erkenntnis und eines tiefen Herzens. Mir scheint, wahrhaft große Menschen müssen auf Erden eine große Trauer empfinden.

FJODOR M. DOSTOJEWSKI

Dein Leiden soll dich nicht lähmen
und erschöpfen, sondern dich führen auf dem
beschwerlichen Weg zur Quelle
deiner verborgenen Kraft.

Der Schmerz ist ein heiliger Engel, und durch ihn sind Menschen größer geworden als durch alle Freuden der Welt.

ADALBERT STIFTER

Höre auf zu klagen –
und du wirst die Stimme
deines Engels hören.

Warum wollen Sie irgendeine Beunruhigung, irgendein Weh, irgendeine Schwermut von Ihrem Leben ausschließen, da Sie doch nicht wissen, was diese Zustände an Ihnen arbeiten? Warum wollen Sie sich mit der Frage verfolgen, woher das alles kommen mag und wohin es will? Da Sie doch wissen, daß Sie in Übergängen sind und nichts so sehr wünschten, als sich zu verwandeln.

RAINER MARIA RILKE

Leben gibt es nur in Veränderungen.
Sie sind deine Koordinaten, um deinen
Standort und deinen Weg zu finden.

Ihr irrt, wenn Krankheit ihr beklagt als Leid:
Der Seele wird sie zur Erwachenszeit.
Und wenn die Glieder fieberwund noch kranken,
Zum wachen Selbst genesen die Gedanken.
O du, der wähnt, daß ihm das Schicksal flucht:
Zu sich hinan kommt nur, wer heimgesucht.
Wird desto wissender, je tiefer schwach,
Je schwärzer leidend, desto heller wach.

DSCHELALUDDIN RUMI

Du gelangst zur Fülle des Lebens,
wenn du dein Glück genießt
und dein Leid nicht verschmähst.

Die Geduld verfährt gegen die Unbill nicht anders als die Kleidung gegen die Kälte: denn wahrlich, wenn du die Kleidung vermehrst, entsprechend der zunehmenden Kälte, wird dir diese Kälte nicht schaden können. Desgleichen mußt du dich gegen große Unbill mit größerer Geduld wappnen, und sie wird deinen Geist nicht schädigen können.

LEONARDO DA VINCI

In der Not schützen auch Lumpen.
Geduld im Leid hindert dich nicht,
Schönes zu denken und zu tun.

Glaube nie, wenn etwas schwer erscheint, daß es dir nicht möglich sei, es zu meistern! Wenn etwas irgendeinem Menschen möglich war, dann ist es auch für dich erreichbar. Wage dich deshalb mutig an Dinge, an deren Durchführbarkeit du anfangs zweifelst, und vertraue auf die Überlegenheit der inneren Kraft über die äußeren Dinge und Umstände!

LUCIUS ANNAEUS SENECA

Was das Leben dir zuteilt,
kannst du tragen.
Was du ertragen kannst,
kannst du überwinden.

Daß die Schmerzen miteinander abwechseln, macht das Leben erträglich. Denn die Krankheit ist nur ein Übergang zur Gesundheit. Und auch eine Krankheit hat ihren Lohn: die reine Freude am Dasein, am Dasein selbst, nicht an einer Einzelheit desselben.

FRIEDRICH HEBBEL

Zwischen zwei hellen Tagen
liegt eine dunkle Nacht – und sogar dann
leuchten dir die Sterne.

Der Schmerz dauert nicht ununterbrochen im Fleische, sondern der heftigste Schmerz währt nur sehr kurze Zeit; wenn er nur die Freude im Fleisch übersteigt, bleibt er nicht viele Tage. Auch langwährende Schwächezustände bergen immer noch ein Mehr von Freude als von Schmerz im Fleische.

EPIKUR

Kurz und erträglich sei dein Schmerz,
doch lange währen dir die Freuden des Lebens.

Man muß den Krankheiten Durchlaß gewähren; ich finde, sie halten sich bei mir, der ihnen nicht widersteht, kürzer auf ... Wir sollen ein wenig die Natur walten lassen, sie versteht sich auf ihr Geschäft besser als wir ... Man wendet die Krankheiten eher ab, wenn man sie höflich behandelt, als wenn man ihnen trotzt. Es gilt, sanft die Gesetze unseres Menschseins zu ertragen.

MICHEL DE MONTAIGNE

Geduld sei das Maß
deiner Gelassenheit, weil du weißt:
auch das geht vorüber.

Trägst du deine Last, dann wisse, daß es gut ist, sie zu haben. Mach das Beste aus dieser Last und entnimm ihr alles, was du für dein Geistesleben brauchst, wie auch dein Magen dem Essen alles Notwendige für deinen Leib entnimmt oder das Feuer heller brennt, wenn du etwas Holz auflegst.

MARC AUREL

Alles, was dir im Leben geschieht,
sei dir nützlich, weil du es recht
in Gebrauch zu nehmen weißt.

Wäre es uns möglich, weiter zu sehen, als unser Wissen reicht ... vielleicht würden wir dann unsere Traurigkeiten mit größerem Vertrauen ertragen als unsere Freuden. Denn sie sind die Augenblicke, da etwas Neues in uns eingetreten ist, etwas Unbekanntes; unsere Gefühle verstummen, es entsteht eine Stille, und das Neue, das niemand kennt, steht mitten darin und schweigt.

RAINER MARIA RILKE

Dein Schicksal kannst du dir
nicht aussuchen, doch du kannst entscheiden,
wie du mit ihm umgehst.

Fragst du nun nach dem Sinn des Lebens, so gibt es nur eine Antwort: aus ihm höchstmöglichste Freude zu empfangen. Der Gedanke, daß wir die Pflicht haben, dafür dankbar zu sein, daß wir leben dürfen, darf uns nicht verlassen. Damit werden wir allein schon Schmerz und Krankheit überwinden.

PRENTICE MULFORD

Deinen großen Schmerz
heilst du am besten
mit vielen kleinen Freuden.

Das Licht der Sonne scheine in dein Fenster. Dein Herz sei voll Zuversicht, daß nach jedem Gewitter ein Regenbogen am Himmel steht. Der Tag sei dir freundlich, die Nacht dir wohlgesonnen. Die starke Hand eines Freundes möge dich halten, und Gott möge dein Herz erfüllen mit Freude und glücklichem Sinn.

IRISCHER SEGEN

Wo helles Licht ist,
sind auch dunkle Schatten.
Wende dich der Sonne zu –
und die Schatten fallen hinter dich.

Bibliografische Information Der Deutschen Bibliothek
Die Deutsche Bibliothek verzeichnet diese Publikation in der Deutschen Nationalbibliografie; detaillierte bibliografische Daten sind im Internet über http://dnb.ddb.de abrufbar.

ISBN 3-579-05879-7

Konzeption und Realisation:

Produktion: art und weise, Merzhausen

Druck und Verarbeitung: Proost, Turnhout, Belgien
Printed in Belgium

www.kiefelverlag.de

VIEL GLÜCK
&
VIEL SEGEN